하나를
보면
열을 아는
속담책

풀과바람 지식나무 56

하나를 보면 열을 아는 속담책

1판 1쇄 2026년 1월 15일

글 이영란
그림 문대웅

펴낸이 박현진
펴낸곳 (주)풀과바람
주소 경기도 파주시 회동길 329(서패동, 파주출판도시)
전화 031) 955-9655~6
팩스 031) 955-9657
출판등록 2000년 4월 24일 제20-328호
블로그 blog.naver.com/grassandwind
이메일 grassandwind@hanmail.net

편집 이영란
디자인 박기준
마케팅 이승민

값 14,000원
ISBN 979-11-7147-150-8 73710

※ 잘못 만들어진 책은 구입처에서 바꾸어 드립니다.

제품명 하나를 보면 열을 아는 속담책 | **제조자명** (주)풀과바람 | **제조국명** 대한민국
전화번호 031)955-9655~6 | **주소** 경기도 파주시 회동길 329
제조년월 2026년 1월 15일 | **사용 연령** 8세 이상
KC마크는 이 제품이 공통안전기준에 적합하였음을 의미합니다.

⚠ 주의
어린이가 책 모서리에
다치지 않게 주의하세요.

하나를 보면 열을 아는 속담책

이영란 글 · 문대웅 그림

풀과바람

머리글

'속담' 하면 무엇이 떠오르나요? 옛사람들이 쓰던 좋은 말이라는 것? '원숭이도 나무에서 떨어진다.' 같은 익숙한 말?

예전에는 텔레비전만 봐도 속담들이 자주 나왔어요. 몇몇 속담은 누구나 알 정도로 자주 쓰여서 친구들과 대화할 때 써먹기도 했어요.

요즘에는 속담을 쓰는 사람이 있을까요? 오히려 줄임말과 새로운 표현들에 속담은 끼어들 틈이 없어요. 이러다 속담이 사라질지도 모르겠어요. 모름지기 말이란, 쓰는 사람이 있어야 오래오래 살아남기 때문이지요.

속담은 옛사람들이 삶의 지혜를 전하며 사용하던 짧은 말이에요. 그래서 옛것, 옛 풍습 등 오늘날에는 '뭐지?' 싶은 알쏭달쏭한 낱말이 가득해요. 할머니 할아버지에게 여쭤도 모른다고 하고, 박물관에나 가야 만날 수 있는 것들이 아주 많아요.

'낫 놓고 기역 자도 모른다.' 같은 속담에서 '낫'이 무엇인지 아는 친구가 있나요? 요즘에는 농사도 기계로 짓기 때문에 농촌에 사는 친구들조차 낫을 보기 어려울 거예요.

속담을 배우면 앞으로 살아가면서 큰 도움이 될 텐데, 당최 이해하기 어려운 표현들로 낯설기만 해요.

하지만 속담을 자세히 들여다보면, 표현만 옛것일 뿐 오늘날에도 이로운 것들이 가득해요.

우리는 속담을 공부에 활용해 봐요. 우리의 문화, 전통, 역사 그리고 지혜는 덤이고요. 특히 옛사람들이 중요하게 여기고 조심했던 것, 좋아하고 싫어했던 것, 마음가짐 등도 알 수 있어요. 현대를 살아가는 여러분이 느끼는 것들과 다르지 않음을 확인할 수 있지요.

속담 '하나를 알면 백을 안다.'라고는 할 수 없지만, '하나를 부르면 열을 짚는다.' 할 만한 것들을 이 책에 모아두었어요. '나, 이거 아는데' 싶은 게 보이나요? 어떤 속담이 가장 궁금한가요? 궁금한 것부터 먼저 보세요. 더는 속담이 옛말이 아니라 호기심이 퐁퐁 솟게 하는 재미난 말임을 알게 될 거예요.

이영란

차례

1. 어물전 망신은 꼴뚜기가 시킨다

옛날 사람들은 꼴뚜기를 이상하게 생기고 크기도 작아서 귀하게 여기지 않았어요. 통통하게 살이 오른 물고기들과 나란히 놓으면 잘 팔리지도 않았지요. 그래서 꼴뚜기를 망신스러운 상황에 많이 비유했어요.

예를 들어, 발표회 때 장난이 심한 친구가 제멋대로 하면 다른 친구들은 어떻게 해야 할지 몰라 허둥지둥해요. 미리 연습하고 준비한 대로 하면 멋질 텐데, 한 사람 때문에 망치고 만 거죠. 이런 상황을 일러 '어물전 망신은 꼴뚜기가 시킨다.'라고 해요.

어물전이란 뭘까?

어물전은 조선 시대에 북어, 말린 청어, 꼴뚜기, 민어, 조기, 대구, 광어, 문어, 가오리, 전복, 해삼, 가자미, 미역, 김, 파래, 우뭇가사리 등 각종 수산물을 팔던 상점이에요. 오늘날 생선 가게이지요.

처음에는 생선과 젓갈을 팔았어요. 점차 해산물이 많이 나고 상하지 않도록 말리거나 소금에 절이는 등의 기술이 발전하면서 생선만 파는 생선전, 젓갈을 파는 해전 등이 따로 생겨났어요. 이후 어물전에서는 생선, 조개, 오징어 등을 말린 것과 마른미역 등을 주로 팔게 됐어요.

꼴뚜기는 정말 못났을까?

선비들은 꼴뚜기를 바다에서 나는 귀중한 고기라 하여 '고록어'라고 했어요. 그런데도 꼴뚜기가 어물전에서 못난 생선 취급을 당한 이유가 있어요.

예전에는 생선의 크기와 생김새를 중요하게 여겼어요. 《홍길동전》을 쓴 조선 시대의 허균은 맛있는 생선으로 숭어, 붕어, 웅어, 뱅어를 꼽았어요. 이 중에 숭어와 붕어 그리고 농어 같은 큰 생선은 회로 먹기도 했어요. 회는 부인들의 건강을 지키는 음식이자 효도를 상징하는 음식으로 아무나 먹을 수 없었지요.

장사꾼은 돈을 잘 버는 게 좋은 일이죠. 꼴뚜기는 주로 젓갈로 담가 먹는 값싼 먹거리였어요. 값나가는 생선은 안 팔리고 꼴뚜기만 팔리면 어땠을까요? 사람들이 장사 참 못한다고 쑤군댈까 싶어서 '어물전 망신 꼴뚜기가 시킨다.' 하면서 투덜댔을 거예요.

이게
대체 뭐지?
오징어 아님!

언제 생긴 속담일까?

우리 조상들은 '어회'라고 해서 숭어, 붕어, 웅어 말고도 민어, 조기, 낙지, 문어, 소라, 전복, 해삼, 굴, 복어 등도 회로 먹었어요. 이런 생선과 해산물을 팔던 어물전은 고려 시대에는 없던 말이에요.

고려 시대의 상점에는 따로 이름이 없었다고 해요. 술집에 푸른색 깃발이 걸려 있었다는 것으로 보아, 생선을 살 수 있다는 어떤 표시가 있었을 것으로 보여요. 그러므로 어물전 망신은 꼴뚜기가 시킨다는 속담은 조선 시대에 생겨났다고 볼 수 있어요.

2. 발 없는 말이 천 리 간다

'발 없는 말이 천 리 간다.'라는 속담은 말이 아주 빠르게 퍼져 나간다는 뜻이에요.

사람이 입으로 하는 말은 발이 없어요. 하지만 그 속도는 동물 발보다 더 빠르므로 조심스럽게 말하고 신중하게 행동하라는 교훈을 담고 있어요.

'천 리'는 얼마나 먼 거리일까?

오늘날에는 자동차, 기차, 비행기 같은 탈것이 있어서 하루면 우리나라 어디든 갈 수 있어요. 옛날에는 성인 남자가 한양에서 부산까지 잠시도 쉬지 않고 꼬박 걸으면 3일 하고도 7시간 정도 걸렸어요. 말을 타고 가더라도 13시간을 달려야 했어요. 하지만 물 마시면서 쉬고, 밥도 먹어야 하니 실제로는 시간이 더 걸렸겠지요.

오늘날에는 거리를 잴 때 미터(m) 또는 킬로미터(km)를 써요. 옛날에는 '리(里)'를 썼어요. 1리는 393m예요. 393m에 1000을 곱하면 393000m, 1000m가 1km이므로 '천 리'는 393km예요. 서울에서 부산까지 약 325km로, 얼추 천 리가 되지요.

옛사람들은 정확한 숫자보다는 어림짐작으로 거리를 표현하곤 했어요. 그래서 실제 거리가 천 리에 못 미치더라도, 몇 날 며칠 걸리는 먼 거리는 '천 리'라고 했어요.

발 없는 말이 어떻게 간다는 걸까?

‘발 없는 말이 천 리 간다.’는 빠른 발을 가진 동물 말과 달리 사람의 말은 발이 없다는 말장난을 활용한 속담이에요. 언어를 이용해 재미있고 기발한 효과를 내는 것이지요. 이렇듯 말소리는 같은데 뜻이 다른 단어들이 있어요. 이를 ‘동음이의어’라고 해요.

눈은 하늘에서 내리는 ‘눈’과 얼굴에 있는 ‘눈’이 있어요. 배는 몸의 ‘배’가 있고, 물을 건널 때 타는 ‘배’가 있으며, 과일 ‘배’가 있지요. “배를 타고 배를 먹었더니 배가 부르다.”처럼 말장난할 수 있어요.

김은 뜨거운 음식에서 나는 ‘김’, 바다에서 나는 해조류 ‘김’, 사람의 성씨인 ‘김’이 있어요. “김 씨가 김으로 음식을 만들었는데 김이 나요.”라고 재미있게 말할 수 있어요. “밤에 밤을 먹다.”는 해가 져서 어두워진 ‘밤’에 열매인 밤을 먹는다는 뜻이에요.

우리말에 동음이의어가 많은 이유는 뭘까?

세종대왕이 한글을 창제하기 전에 우리 조상들은 한자를 빌려서 썼어요. 한자는 뜻글자예요. 소리는 같아도 뜻이 다른 단어가 많아요. 우리말은 소리글자라서 각각의 글자가 합해져서 뜻을 나타내요.

한글이 있어도 양반들은 한자를 고집했어요. 왕과 양반 같은 계급이 사라진 뒤에도 공부를 많이 한 사람들은 한자를 써서 똑똑함을 드러냈어요. 1980년대까지도 책과 신문에는 한자와 한글이 함께 쓰였어요. 수백 년간 우리말과 한자어를 함께 써왔기 때문에 동음이의어가 많아졌답니다.

3. 두부 먹다 이 빠진다

두부를 먹다가 이를 다친다니요, 상상할 수 있나요? '두부 먹다 이 빠진다.'라는 말은 그럴 일은 거의 없으나, 혹시라도 일어날 수 있으니 항상 조심하라는 뜻이에요.

퀴즈 하나 낼게요. 할머니와 함께 길을 가는데, 파란 하늘이 하도 예뻐서 하늘만 보고 걸었어요. 그러자 할머니가 앞을 보고 걸어야 한다고 해요. "차도 없고 사람도 없어서 다칠 일 없어요." 했는데, 그 말이 끝나기가 무섭게 땅이 파인 곳에 발이 걸려 넘어지고 말았어요. 이때 할머니는 뭐라고 하셨을까요?

두부는 언제부터 만들어 먹기 시작했을까?

두부는 '밭에서 나는 쇠고기'라 할 정도로 단백질이 풍부해요. 예부터 고기를 먹지 않는 승려나 채식주의자들이 단백질을 섭취하려고 꼭 챙겨 먹던 음식이에요.

두부는 한자어로 콩두(豆) 자에 썩을 부(腐) 자를 써요. 한자만 보면 콩을 썩여서 만든 것 같지요. 여기서 '부'는 뇌의 일부인 뇌수처럼 연하고 물렁물렁하다는 뜻이에요.

중국의 옛 책에 따르면, 두부는 2000여 년 전에 회남왕이 발명했대요. 당시 회남왕은 과학과 기술에 많은 관심을 두었고, 그 결과 두부를 만들어냈다고 하지요. 그러나 두부 만드는 솜씨는 우리나라가 뛰어났고, 오히려 중국과 일본에 그 기술을 전해 주었다고 해요.

우리나라에 두부가 언제 전해졌는지는 정확히 알 수 없어요. 고려 시대의 학자 이색이 남긴 글을 모은 《목은집》에 "나물국 오래 먹어 맛을 못 느껴 두부가 새로운 맛을 돋우어 주네."라는 시 구절이 있어요. 적어도 고려 시대에는 두부를 먹었음을 알 수 있어요.

두부는 어떻게 만들까?

두부는 콩, 물, 간수만 있으면 만들 수 있어요. 콩을 물에 충분히 불려 갈아요. 갈아놓은 콩물을 천에 거르면 두유가 돼요. 두유를 솥에 넣어 끓이다가 간수를 넣어요. 간수는 소금에서 저절로 녹아 흐르는 짜고 쓴 물이에요. 끓인 콩물에 간수를 넣으면 하얗게 엉기면서 두부 꽃이 피어요. 순두부가 만들어진 거예요. 순두부를 틀에 넣어 단단히 굳히면 두부가 돼요.

두부의 주재료인 콩은 옛 고구려 땅인 만주에서 길러 먹기 시작했어요. 중국의 아주 오래된 책에도 만주 지방에서 콩을 가져다 널리 퍼뜨렸다는 내용이 나와요.

콩을 나물로 키워 먹는 민족은 우리나라가 유일해요. 녹두의 싹을 틔워 키운 '숙주나물'을 먹는 나라는 여럿인데, 콩나물은 먹지 않았어요. 콩나물에는 콩에는 없던 비타민 C가 생겨서 채소가 귀한 겨울철에 귀중한 식재료였어요.

콩나물은 약으로도 썼어요. 고려 시대 의학서인 《향약구급방》에 말린 콩나물을 위 속의 열을 없애고 근육통에 쓴다는 기록이 있어요.

두부를 먹다가 이가 빠질 수 있을까?

부드러운 두부를 먹다가 이가 빠질 일은 없어요. 하지만 이를 잘 닦지 않으면 치아와 잇몸 사이에 두부 같은 음식 찌꺼기가 끼어서 염증을 일으킬 수 있어요. 염증이 잦으면 치아가 약해져서 이가 흔들리거나 빠질 수 있어요. 식사를 하고 나서 이를 꼭 닦아요.

4. 개똥도 약에 쓰려면 없다

개똥은 똥개나 먹지, 어찌 사람이 먹을까요. 그런데 약으로 쓴다고요? 개똥 먹고 병날까 싶은데요.

이 말은 아무리 흔하고 보잘것없어 보여도, 필요할 때는 귀한 존재가 될 수 있다는 뜻이에요.

평소에 중요하지 않게 생각해서 아무렇게 내버려뒀던 물건이 아주 쓸모 있을 때가 있어요. 있는 듯 없는 듯했던 친구가 발표를 잘해서 수업 시간을 활기차게 할 수도 있지요. 그러므로 아무리 작은 것도, 주목받지 못하는 사람들도 소중한 존재임을 잊지 말아요.

개똥을 정말 약에 썼을까?

허준은 조선 시대의 의사예요. 우리나라의 전통 의학을 정리한 《동의보감》이라는 책을 썼지요. 사람의 몸이 어떻게 생겼는지, 병이 왜 생기는지, 병을 고치기 위해 어떤 약을 써야 하는지 등을 자세히 설명하고 있어요.

이 책에는 흰 개의 똥이 약이 된다고 했어요. 종기와 체증이 오래되어 뱃속에 덩어리가 생기는 병을 치료하는 데 신기한 효과가 있다고 했어요. 종기란, 피부에 고름이 생기는 병이에요. 체증은 음식을 많이 먹거나 소화가 잘 안될 때 생기는 속이 답답하고 무거운 느낌을 말해요.

중국 송나라 때 쓰인 약재에 관한 책에도 흰 개의 똥이 약이 된다고 했어요. 높은 곳에서 떨어져서 충격으로 피가 뭉친 것을 푸는 데 쓴다고 했어요.

동의보감에
나온 집
개
똥
?

피부병에는
소똥이지!
코피를
멈출 때는
말똥!
호흡기
건강에는
비둘기 똥!

다른 동물의 똥도 약으로 썼을까?

또 다른 옛 의학서에는 소똥의 쓰임에 대해 나와 있어요. 소똥을 '우분'이라고 하는데, 피부 질환에 약으로 쓴다고 했어요. 또, 흰말의 똥 7개를 짜서 즙을 낸 것을 다른 약재와 섞어 콧속에 넣으면 감염병에서 비롯된 코피를 멈출 수 있다고 해요.

감염병의 치료법이 담긴 《벽온방》이라는 책에는 소똥, 암퇘지의 똥, 수컷 여우의 똥뿐 아니라 사람 오줌도 약으로 쓴다고 나와 있어요.

비둘기 똥인 '앵두진'은 중국의 전통 약재로 천식 같은 호흡기 질환에 쓰였대요. 천식은 공기가 드나드는 기관지에 문제가 생겨서 숨이 가쁘고 기침이 나며 가래가 심한 병이에요.

현대 의학에서도 똥을 약으로 쓸까?

'클로스트리듐 디피실'이라는 세균으로 생기는 장염에 걸렸을 때 똥으로 치료해요. 환자의 장에 건강한 사람의 대변을 심어서 좋은 균과 나쁜 균이 골고루 잘 살게 해요. 여름철에 상한 음식을 먹고 이 세균이 장 속에 들어가서 그 수가 늘면 대장에서 피가 나거나 설사하게 돼요. 사람뿐 아니라, 말과 개, 고양이도 걸릴 수 있어요.

이 장염은 다 나았다 해도 장에 세균이 조금이라도 남아 있으면 또 걸릴 수 있어요. 따라서 예방약을 먹어야 해요. 예방약을 만들 때도 건강한 사람의 똥을 사용해요. 건강한 사람의 똥에 있는 유산균, 비피두스균처럼 좋은 세균만 모아서 캡슐로 만들어요. 환자가 캡슐을 삼키면, 좋은 세균들이 장에 들어가서 나쁜 세균들을 물리쳐요.

5. 간에 붙었다 쓸개에 붙었다 한다

조금이라도 자신에게 이롭다 싶으면 창피한 줄 모르고 태도나 말을 자주 바꾸는 사람을 가리키는 말이에요. 자신에게 유리하다 싶은 편을 들거나, 상황에 따라 행동이나 의견을 이랬다저랬다 하는 '기회주의자' 같은 사람이지요.

비슷한 속담으로 '간에 가 붙고 염통에 가 붙는다.'가 있어요. 염통은 신체 기관 중 하나인 심장의 순우리말이에요.

간과 쓸개는 어떤 사이?

간은 우리가 먹은 음식에서 좋은 성분을 골라내 몸 곳곳으로 보내요. 몸에 쌓인 나쁜 물질도 없애 줘요. 소화에 도움이 되는 담즙을 만들어 쓸개로 보내요. 쓸개는 담즙을 진하게 만들어 소장으로 전달해요. 이렇듯 간과 쓸개는 서로 도와 우리 몸을 건강하게 해요.

간과 쓸개 사이를 오고 가는 건 뭘까?

실제로 간에 붙었다 쓸개에 붙었다 하는 게 있어요. 바로 기생충이에요. 간디스토마(간흡충)는 간에 붙어살다가 담즙이 흘러가는 길을 따라 쓸개에 붙기도 해요. 간염 같은 질병의 원인이 되지요.

말라리아 원충은 간에 붙었다가 염통에 붙었다가 하는 기생충으로 말라리아를 일으켜요. 온몸이 아프고 열도 나고 설사도 하지요. 이 기생충은 모기에 있다가 모기가 사람을 물면 혈액을 따라 간으로 갔다가 다시 혈액을 타고 온몸으로 퍼져요.

기생충은 왜 여기저기 붙어서 살까?

기생충은 혼자서는 살아갈 수 없어요. 영양분을 얻고 자신을 보호할 환경을 만들어 주는 다른 생명체가 필요해요. 그것을 '숙주'라고 해요. 숙주에 빌붙어 사는 것을 '기생'한다고 해요.

예를 들어, 간흡충은 살아남기 위해 여러 숙주를 거쳐요. 간흡충의 알은 감염된 사람의 대변 속에 있다가 물속에서 애벌레가 돼요. 애벌레는 달팽이 같은 생물에 기생해서 살다가 여러 차례 허물을 벗어요. 이렇게 거듭 변신한 간흡충은 물고기의 피부를 뚫고 들어가서 살아요. 사람이 감염된 물고기를 덜 익혀서 먹으면 간흡충이 사람의 간과 쓸개를 오고 가며 알을 낳고 기생해요.

왜 이런 속담이 생겨난 걸까?

과거에는 기생충 감염이 흔했어요. 수돗물을 공급하는 상수도가 없어 샘물이나 우물물을 먹었어요. 맑은 물이니 '괜찮겠지' 싶지만, 눈에 보이지 않는 기생충이 있었던 거예요. 기생충이 바글바글한 물에 사는 물고기를 잡아서 날로 먹거나 덜 익혀 먹고는 감염되기도 했어요.

위생 상태가 좋아진 요즘에도, 음식을 덜 익혀 먹거나 오염된 곳에서 난 채소를 대충 씻어 먹으면 기생충에 감염될 수 있어요.

기생충에 감염되면 골골하며 오랫동안 고생하기 때문에 옛사람들은 기생충이 나쁘다는 걸 알았어요. 마찬가지로 자기 좋은 것만 챙기려고 기생충처럼 이랬다저랬다 하는 사람과 가까이 지내면 좋지 않음을 알고 있었지요. 여러분 주변에도 간에 붙었다가 쓸개에 붙었다가 하는 사람이 있다면 거리를 두세요.

엊그제 먹은 물고기 탓인가…
제발 좀 빨리 나와!
기생충이 우글거려!

6. 아닌 밤중에 홍두깨

'아닌 밤중에 홍두깨'는 예상치 못한 일이 갑작스럽게 일어났을 때 사용하는 표현이에요. 홍두깨는 주로 낮에 하는 일에 쓰는 도구예요. 다들 자는 밤중에 홍두깨를 쓰라니, 홍두깨를 받아 들어야 하는 사람은 갑작스럽고 당황스러울 수밖에 없지요.

엄마 아빠랑 놀이공원에 가기로 했는데 갑자기 비가 많이 와서 못 가게 됐을 때나 텔레비전을 보고 있는데 정전이 됐을 때 "아닌 밤중에 홍두깨"라고 말할 수 있어요.

홍두깨는 뭐에 쓰는 물건일까?

도닥도닥, 똑딱똑딱, 또드락 딱딱.

조선 시대에는 여인들이 네모반듯한 돌에 여러 번 접은 옷감을 올려놓고 방망이로 두들겼어요. 이를 '다듬이질'이라고 해요. 홍두깨는 다듬이질할 때 쓰는 방망이에요. 옷감을 올려둔 돌은 다듬잇돌이에요.

다듬이질은 왜 했을까?

조선 시대에는 흰옷을 좋아하기도 했고, 평민들은 아름다운 색을 옷감에 물들일 여유가 없어서 흰색 옷을 많이 입었어요. 흰색은 빨리 때가 타므로 자주 빨아 입어야 했지요. 특히 때가 잘 타는 깃은 여러 번 빨아도 땟자국이 남고 자주 빨아서 금세 해졌어요.

빨아놓은 옷감에 풀을 먹이고 다듬이질하면, 새것처럼 옷감의 실올이 반듯해져요. 반질반질 윤이 나서 주름이 잘 생기지 않지요. 버석버석 소리가 날 정도로 옷감이 빳빳해져서 새 옷을 입은 것 같아요. 또, 옷감의 실과 실 사이에 풀이 들어가서 바람을 막아 줘요. 추운 지역에서는 조금이라도 더 따뜻하게 옷을 입으려고 다듬이질을 꼭 했어요.

세탁할 때는 풀이 떨어져 나가서 때가 잘 지워졌어요.

풀을 먹인다는 게 뭘까?

여기서 말하는 풀은 소가 좋아하는 초록 풀이 아니에요.

쌀가루나 밀가루 등에 물을 부어 죽을 쑤듯이 익히면 서로 엉겨요. 이것을 '풀'이라고 해요. 풀은 접착제로 문풍지에 발라 문틀에 붙이거나, 빨래할 때 쓰거나, 김치를 만들 때 넣어 발효를 돕기도 했어요.

여기서 '먹이다'는 어떤 물질을 발라 배어들게 하는 것을 말해요. 즉, 옷감에 풀을 발라서 잘 스미게 하거나 퍼지게 하는 거예요.

7. 뱁새가 황새를 따라가면 다리가 찢어진다

뻣뻣한 몸으로 체조 선수 따라 하려고 다리를 찢으면 어떤 일이 벌어질까요? 아픈 건 물론이고, 심하면 허리를 다쳐서 움직이기가 힘들 수 있어요.

'뱁새가 황새를 따라가면 다리가 찢어진다.'라는 속담은 남이 한다고 힘겨운 일을 억지로 하다가는 큰일을 당한다는 뜻이에요. 자기 능력이나 상황에 맞게 행동하는 게 중요하다는 교훈을 담고 있어요.

뱁새는 어떤 새일까?

우리나라에서 흔한 텃새로, 붉은머리오목눈이라는 새예요. '텃새'는 계절이 바뀌어도 한 지역에서만 살아요. 참새, 까마귀, 꿩 등이 있지요. 반대로, 알을 낳거나 겨울을 나기 위해서 옮겨 다니는 새를 '철새'라고 해요. 기러기, 두루미, 제비 등이 있어요.

원래 볍새로 불리던 뱁새는 북한에서는 부비새 또는 비비새라고 해요. 뱁새는 개나리, 사철나무, 쥐똥나무 같은 키가 작은 나무에 둥지를 지어 살아요. 뱁새는 열에 일곱은 파란 알을 낳는데, 암컷의 유전자 때문에 하얀 알만 있기도 해요. 이따금 색도 크기도 다른 알이 있을 때가 있어요. 뻐꾸기가 뱁새의 둥지에 몰래 알을 낳은 거예요.

?
뻐꾹!
뻐꾹

난
두루미!

황새는 어쩌다 멸종 위기종이 됐을까?

황새는 몸길이가 1m가 넘는데, 다리 길이만 50cm 정도 돼요. 유럽황새는 한국 황새보다 작고, 부리와 다리가 모두 검붉은색이에요. 한국의 황새는 다리는 붉은색이고, 부리는 검어요.

황새는 세계적으로 약 2500마리밖에 남지 않은 희귀한 새예요. 한국에서는 '천연기념물'로, 이미 멸종됐어요. 국제적으로도 멸종 위기에 처한 보호종이에요.

황새는 옛 그림에 자주 등장할 정도로 흔한 텃새였어요. 하지만 사람들이 마구 잡고 환경이 오염되며 한국에서 사라지고 말았어요. 1996년부터 러시아 등 외국에서 황새를 들여와 우리나라에서 자리 잡고 살도록 도왔어요. 지금은 그 수가 늘어나 많은 곳에서 살고 있어요.

왜 뱁새가 황새 따라간다고 할까?

뱁새는 같은 텃새인 참새보다 4cm 정도 커요. 부리도 더 크고, 다리도 더 길지요. 뱁새는 동작이 재빠르고, 움직일 때 긴 꽁지를 좌우로 쓸듯이 흔드는 버릇이 있어요. 이 속담을 만들어낸 사람의 눈에는 이런 동작이 황새를 따라 하느라 애쓰는 걸로 보였나 봐요. 참새보다 다리가 조금 더 길다고 잰 척한다고 여겼을 수도 있지요.

뱁새는 논, 숲, 정원에서 볼 수 있어요. 황새는 강이나 습지에 살아요. 습지는 물에 잠긴 땅으로, 강과 호수, 연못, 바다와 연결되어 있어요. 이렇듯 뱁새와 황새는 사는 곳이 달라서 함께 있는 모습을 볼 수 없어요.

또한, 뱁새와 황새의 다리 길이는 그 차이가 엄청나요. 뱁새가 황새만큼 다리를 벌려 걸으려면 가랑이가 찢어져도 안 돼요.

뱁새 대신 촉새를 써서 '촉새가 황새를 따라가다 가랑이가 찢어진다.'라고도 해요. 촉새는 우리나라에서는 봄과 가을에 볼 수 있는 흔한 철새로 참새보다 작아요. 맛이 좋아서 사냥꾼이 노리는 사냥감이었지만, 현재는 보호해야 할 새로 지정되어 있어요.

난 황새처럼
걸을 수 있어!

8. 비 온 뒤에 땅이 굳는다

'비 온 뒤에 땅이 굳는다.'라는 속담은 어려운 일을 겪고 나면 더 강해진다는 뜻이에요.

흔히 처음 하는 일은 주저하게 돼요. 말 그대로 처음이라서 어떻게 될지 몰라요. 실수할까 봐, 실패할까 봐 마음이 편치 않죠. 하지만 그것을 해내고 나면 '생각보다 낫네.' 또는 '해볼 만하네.' 싶지요. 실제로 어렵든, 생각만 그렇든, 일단 겪고 나면 그 자체로 경험이 돼요. 그리고 마음이 한층 더 단단해진 것을 느낄 수 있답니다.

비가 오면 땅이 축축해지는데 왜 굳는다고 할까?

우리 눈에 잘 보이지 않지만, 흙 속에는 아주 작은 틈들이 있어요. 그 틈으로 빗물도 들어가고 지렁이도 들어가고 벌레도 들어가요.

비가 내리면 흙 속의 아주 작은 알갱이들이 스며든 빗물과 함께 움직이며 빈틈들을 채워요. 그 결과, 비가 그치고 해가 나와서 물이 마르면 땅이 단단해진답니다.

단단해진 땅은 쓸모가 있을까?

비가 그친 뒤 땅이 단단해지면 농사를 지을 때 좋은 점이 많아요. 작물의 뿌리가 단단히 고정돼요. 바람에 흔들리기는 해도 쉽게 뽑히지 않아요. 이미 스며든 물이 단단해진 땅속에 오래 머물므로 물을 덜 줘도 돼요. 작물이 자라는 데 필요한 영양분도 오래도록 흡수할 수 있어요.

씨앗을 심을 때 물을 충분히 줘야 하는 이유와 같아요. 땅속 깊이 스미도록 물을 듬뿍 주면 씨앗과 흙 사이에 빈틈이 사라져요. 흙이 씨앗에 딱 붙어서 씨앗이 자리를 잘 잡을 수 있어요. 흙 속의 영양분이 잘 전달돼요. 물을 머금은 흙과 바로 닿아 수분을 잘 흡수할 수 있어요. 물이 흙 속에 있는 공기주머니를 없애 씨앗이 마르지 않아요.

비가 아주 많이 오면 어떻게 될까?

짧은 시간 어느 한 지역에 많은 비가 내리는 것을 '집중호우'라고 해요. 이때는 흙이 물을 더는 머금지 못해 땅속을 흐르는 물이 넘쳐서 땅 위로 흘러요. 그러면 건물을 받치던 땅이 빗물과 함께 흘러내려요. 몇 날 며칠 집중호우가 내리면 건물이 기울어지거나 쓰러지기도 해요.

뉴스에서는 해마다 집중호우 소식을 전하면서 예방 대책을 알려 줘요. 그런데도 사람도 건물도 자연도 해를 입어요. 매년 '소 잃고 외양간 고치는' 일을 반복하고 있지요. '비 온 뒤 땅이 굳듯' 더는 피해를 보지 않기 위해 우리는 무엇을 해야 할까요?

나무를 많이 심으면 나무뿌리가 흙을 꽉 잡아서 비가 많이 내려도 흙이 쓸려가지 않아요.
도로 옆 배수구의 물이 잘 빠지게 미리미리 나뭇잎과 쓰레기 등을 치워야 해요.

9. 친구 따라 강남 간다

친구 따라 강남 간다고요? 대학생 형, 언니들이 친구 따라 강남에서 쇼핑하고 데이트하는 걸까요? '친구 따라 강남 간다.'라는 말은 나는 하고 싶지 않은데, 친구가 하니까 덩달아 따라 한다는 뜻이에요.

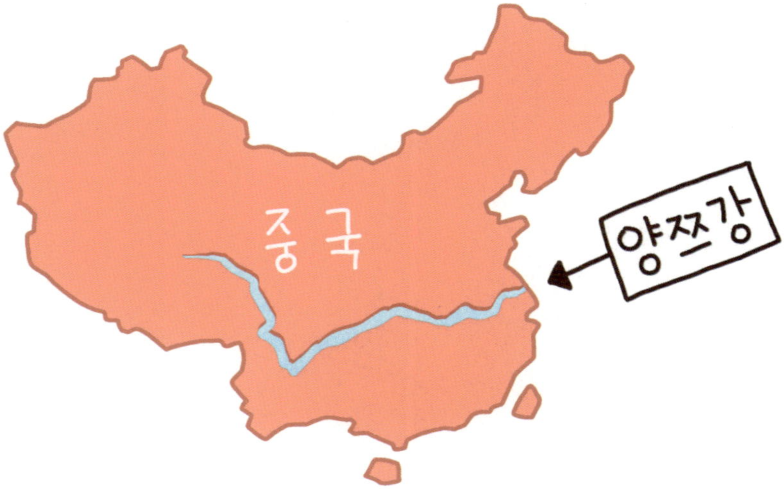

강남은 대한민국 서울 강남구일까?

속담에서 말하는 강남은 중국 양쯔강 남쪽을 말해요. 오늘날 장쑤성, 안후이성, 저장성 등이지요. 넓은 영토를 가진 중국은 지역마다 다양한 기후와 계절을 경험할 수 있어요.

양쯔강 남쪽은 덥고 비가 많아 1년 내내 벼를 비롯한 갖가지 작물을 재배할 수 있어요. 운하를 오고 가는 커다란 배에 많은 물자를 북쪽으로 실어 나를 수 있게 되면서 경제의 중심지가 됐지요.

경제의 중심지가 된다는 건, 물건들을 구하기가 쉽고 일자리도 많다는 뜻이죠. 사람들이 더 잘 살기 위해 몰려들게 돼요. 애초에 계획이 없었지만, 친구가 강남 가면 부자가 될 수 있다는 말에 덩달아 따라간 사람들이 있었을 거예요. 하지만 당시에 교통이 좋지 않아 강남으로 가는 길은 전혀 쉽지 않았으므로, '친구 따라 강남 간다.'라는 건 좋을 수만은 없었어요.

대한민국 강남은 중국의 양쯔강 남쪽과 다를까?

서울 강남은 중국의 강남과 마찬가지로, 강의 남쪽 지역을 뜻해요. 한강의 남쪽이지요. 그리고 부자 동네인 것도 같아요.

강남구의 '강남'이 부자 동네가 된 건 그리 오래된 일이 아니에요. 조선 시대에 강남은 '경기도'로, 한양에서 멀리 떨어진 변두리였어요. 논밭이 대부분이었지요.

1963년에 서울이 된 강남은 1970년대부터 논밭에 아파트가 들어서며 발전하기 시작했어요. 월급을 많이 주는 첨단 사업체와 금융기관이 자리하면서 사람들이 많이 살게 됐어요. 좁은 곳에 사람이 모여들면서 높은 아파트들이 들어섰어요. 아이들을 위한 교육 환경도 발달했지요. 지금은 세상 사람들도 다 알 정도로 대한민국에서 가장 비싼 땅값을 자랑하는 곳이랍니다.

언제부터 이 말을 썼을까?

'운하'는 배가 다니도록 육지를 파서 물이 흐르게 만든 길이에요. 수나라 때 대운하가 완성된 이후 많은 사람이 일자리를 찾아 몰려들었어요. '친구 따라 강남 간다.'라는 말은 중국의 강남처럼 어떤 곳이 변화를 거쳐 전과 다르게 발전하면서 사용한 말일 수 있어요.

인천항은 고종 때인 1883년에 문을 열었어요. 외국에서 배가 오고, 인천에서 외국으로 배가 나가면서 온갖 상품이 오고 갔어요. 예나 지금이나 중국과 가까워서 중국 사람들이 인천으로 몰려들었고 차이나타운이 생겼어요. 외국인들을 위한 최초의 서양식 호텔인 대불호텔이 지어졌고, 일본 영사관과 일본 은행 지점 등이 자리하는 등 국제도시가 됐지요. 도로, 철도, 항만 등이 건설되어 교통이 발달했어요.

이때 인천으로 온 중국 사람들과 고향을 떠나온 조선 사람들이 서로 어떻게 여기까지 왔냐고 물으면, "친구 따라 강남 간다."고 하지 않았을까요? 고향을 그리워하며 괜히 "친구 따라 강남 왔다."라며 후회한 사람도 있지 않았을까요?

1883년
한국은 처음이지? 여기는 강남이 아니고 인천!

10. 낫 놓고 기역 자도 모른다

'낫 놓고 기역 자도 모른다.'라는 속담은 눈앞에 낫이 떡하니 있는데, 낫 생김새와 비슷하게 생긴 기역 자를 모른다는 말이에요. 글자를 모르거나 아주 무식한 사람에게 하는 말이에요.

칼날과 자루로 된 낫은 실제로 보면 기역 자와 똑 닮았어요.

낫은 무엇에 쓰는 물건일까?

낫은 주로 곡식을 수확할 때 쓰는 농기구예요. 'ㄱ'자 모양으로 생겼지요. 논밭을 갈아 농사를 지으면서 발명된 도구이기에 낫은 그 역사가 오래됐어요. 쇠가 나오기 전에는 조개껍데기와 돌을 갈아서 만든 날을 사용했어요.

낫은 모양이나 쓰임에 따라 날이 짧은 것, 굽은 것, 얇고 가는 것 등이 있어요. 풀이나 곡식을 거두는 풀 낫, 나무하는 나무 낫, 버들이나 담뱃잎 그리고 뽕나무를 베는 버들 낫 등이 있어요. 자루는 짧은 것과 긴 게 있어요.

농사꾼은 언제 기역 자를 알게 됐을까?

기역은 한글의 첫 번째 자음이에요. 세종대왕이 1443년에 한글을 만들고 1446년에 훈민정음이라는 이름으로 백성들에게 알렸지요. 하지만 한글이 널리 퍼지기까지는 시간이 걸렸어요.

양반들은 백성들이 글을 알면 다스리기가 어렵다는 이유로 한자만 써야 한다고 했어요. 왕실 여인들과 양반가의 아낙네들이 편지를 주고받거나 일기를 쓰는 정도로만 한글이 쓰였지요. 그래서 한자 중심으로 교육이 이루어졌어요. 당연히 기역도 모르는 백성들이 많았어요.

본격적으로 한글이 쓰인 건 400년이 훨씬 지난 1894년이에요. 고종 임금이 드디어 나라의 문자로 인정했지요. '한글'이라는 이름은 그 뒤로도 20년이 훌쩍 지난 1910년대에야 만들어져 불리기 시작했어요. 따라서 온종일 농사만 짓는 농부가 낫 놓고 한글 자음을 익히려고 한 건 100여 년 전쯤이라 할 수 있어요.

왜 낫 놓고 기역 자를 배워야 했을까?

만든 사람과 목적이 한글처럼 분명하게 알려진 문자는 세상에 없어요. 우리 한글은 사용 설명서인 《훈민정음》이 있어서 누가 왜 만들었는지 잘 알려져 있어요. 세종대왕은 "나라말이 중국과 달라……."라고 시작하는 글에서 그 이유를 밝혔어요. 한자를 빌려 쓰고 있으나 그 자체로 어려워서 백성들이 알기 어려우므로 소통이 어렵다고 한 것이죠. 즉, 백성을 위한 거예요.

한글은 아침 글자라 할 정도로 반나절 정도만 배우면 보고 읽을 수 있어요. 쉬운 글자라도 처음 배울 때는 어려워요. 그래서 익숙한 물건들이 그려진 그림 카드와 함께 배우곤 하지요. 마찬가지로 농부에겐 낫이 익숙해요. 낫은 기역 자를 닮았지요.

이 속담은 누구나 기본적인 교육을 받아야 한다는 점을 강조해요. 아무리 좋은 글자가 있어도 배우지 않으면 쓸모가 없어요. 그리고 기초부터 차근차근 배워야 해요. 더 어려운 것을 쉽게 이해하고 실수를 줄이기 위해서는 기초가 탄탄해야 합니다.

11. 떡 줄 사람은 꿈도 안 꾸는데 김칫국부터 마신다

엄마랑 가까운 마트에서 우유를 샀어요. '거스름돈은 내가 가져야지.' 하고 생각했는데, 엄마는 핸드폰을 내밀어 모바일 페이로 계산했어요. 이럴 때 '떡 줄 사람은 꿈도 안 꾸는데 김칫국부터 마신다.'라고 해요. 상대편은 생각지도 않는데 지레짐작해서 기대할 때 쓰는 표현이에요.

속담에 나오는 김칫국은 뜨거운 국이 아니라 동치미, 나박김치 같은 국물이 있는 김치를 말해요. 밥도 아닌데 왜 떡에 김칫국이 필요했을까요?

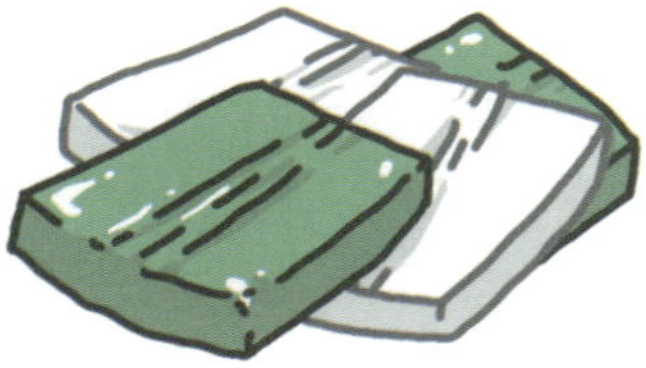 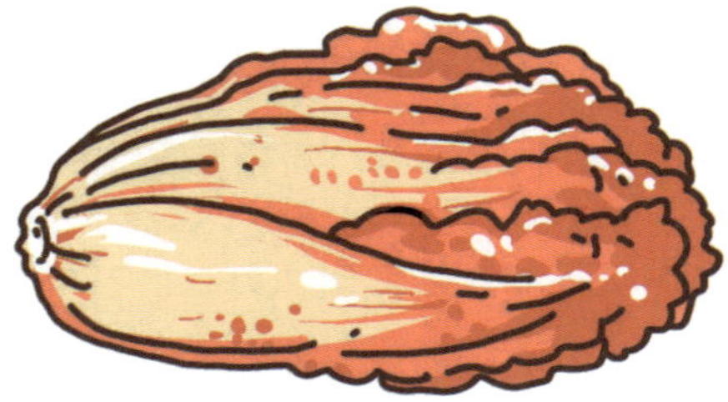

떡과 김치가 잘 어울릴까?

소금의 주성분은 나트륨이에요. 나트륨은 우리 몸에 꼭 필요한 물질로, 혈액뿐 아니라 소화할 때 나오는 쓸개즙, 이자액, 장액 등에도 들어 있어요. 나트륨이 부족하면 소화가 잘 안되고, 음식을 봐도 먹고 싶은 마음이 생기지 않아요.

한반도의 겨울은 혹독하다 할 만큼 추워서 먹을거리를 구하기가 힘들었어요. 특히 비타민과 미네랄이 풍부한 채소를 구하기가 어려웠지요. 우리 조상들은 채소를 소금에 절여서 먹는 방법을 궁리해 냈어요. 여기에 젓갈, 파, 마늘, 생강 등 양념을 넣어 '김치'를 만들어 먹었어요.

떡은 쌀로 만들어요. 쌀은 주로 탄수화물로 이루어져 있어요. 탄수화물을 소화하려면 소금이 필요해요. 우리 조상들은 소금을 맛있게 섭취하는 방법으로 김치를 먹었지요.

따라서 떡에 미네랄과 유산균이 포함된 식이섬유인 김치를 먹으면, 소화가 잘되고 건강에도 좋아요. 게다가 먹다가 목이 메기 쉬운 떡의 특성상 물김치는 환상의 짝꿍이에요.

V
F
떡
P

김칫국은 언제부터 만들어 먹었을까?

국물김치 중 대표적인 것이 동치미와 나박김치예요. 동치미는 신라 시대부터 먹었는데, 고려 시대에 단맛이 나는 질 좋은 무가 생산되자 많이 담가 먹었다고 해요.

나박김치는 고려 때부터 먹었다는 기록이 있으나 이전부터 먹었을 것으로 여겨져요. 무와 배추, 미나리를 썰고 양념으로 파, 마늘, 생강 등을 버무려 심심한 소금물에 담가서 익혀 먹었지요. 한반도에 고추가 들어오기 전에는 산초나무의 열매를 사용해 김치에 색을 더했어요.

떡은 어떤 음식일까?

쌀을 불려 빻고 쪄서 만드는 떡은 언제부터 먹었는지 분명하지 않아요. 고구려 고분벽화에 시루로 음식을 찌고 있는 부엌이 그려져 있어요. 당시에 먹던 피, 기장, 조, 보리, 밀 등을 가루 내어 시루떡같이 만들어 먹었을 거라고 해요. 고구려보다 앞선 고조선 시대의 유적에서도 시루가 발견된 것으로 보아 훨씬 이전부터 만들어 먹었을 거예요.

먹거리가 풍부하지 않던 시절에 떡은 명절이나 잔칫날에 만들어 먹었어요. 떡을 만들려면 쌀이 많이 필요해요. 쌀을 불리고 찌고 반죽하고 치대고 모양을 내는 등 만드는 과정에서는 여러 사람의 손이 필요하지요. 그래서 함께 나눠 먹었어요. 좋은 날을 앞두고 떡을 만들 때면 떡메 치는 소리가 담을 넘어 길거리로 퍼져 나갔어요. 이웃들이 모를 리가 없지요. 이에 "앞집 떡 치는 소리 듣고 김칫국부터 마신다."라는 말도 있어요.

12. 구더기 무서워 장 못 담글까

공부하려는데 책상에 뽀얗게 먼지가 쌓여 있어요. 손가락 하나도 대고 싶지 않지만, 얼굴이 찌푸려지기는 해도, 청소해야 하지요. 먼지 속에서 공부가 잘될 리가 없잖아요. 이럴 때 '구더기 무서워 장 못 담글까.'라는 속담을 쓸 수 있어요. 무슨 일을 해야 할 때 방해가 되는 게 있다고 해도 해야 할 일은 해야 한다는 뜻이에요.

장은 어떤 게 있을까?

장은 간장, 된장, 청국장, 고추장을 말하는 것으로, 콩을 발효시켜서 만들어요. 간장은 콩을 익혀서 만든 메주에 소금물을 부어 만들어요. 된장은 간장을 빼고 남은 메주를 으깬 거예요. 고추장은 찹쌀과 메주, 고춧가루 등을 섞어 만들고, 청국장은 익힌 콩을 발효시켜서 만들어요. 이 중에서 고추장은 한국에서만 먹어왔어요.

구더기란 무엇일까?

구더기는 파리의 애벌레예요. 우리 눈에 잘 보이지 않을 뿐, 파리는 곳곳에 알을 낳아요. 알이 부화해서 구더기가 되려면 따뜻하고 영양분이 많아야 하므로 파리는 쓰레기 더미나 동물 등의 사체, 발효 중인 음식물 등에 알을 낳아요.

발효 음식인 장도 파리가 알을 낳기 좋은 환경이에요. 파리는 집파리의 경우 50~150개, 검정파리는 400여 개의 알을 낳아요. 이 알들이 부화해서 꿈틀거리는 것을 두고 '들끓는다'라고 해요. 먹거리에 벌레가 들끓으면 징그럽고 끔찍하지요. 파리는 병균을 퍼트리므로 해충에 속해요. 구더기 무서워 장 못 담근다는 말이 나올 만해요.

어떨 때 장에 구더기가 생길까?

장의 발효를 돕는 미생물은 콩에 있는 탄수화물을 먹고 에너지를 얻어요. 그리고 이산화탄소를 내놓아요. 이산화탄소는 신맛이 나요. 신맛이 강해지면 장맛이 나빠지므로 자주 항아리의 뚜껑을 열어 이산화탄소를 날려 보내야 해요. 이때 파리가 장 위에 앉아 있다가 알을 낳아요.

장을 만들 때는 “아이, 짜!” 하는 말이 나올 정도로 소금을 많이 넣어요. 소금은 장의 발효는 돕되 썩지 않게 하고, 오래 두고 먹을 수 있게 해요.

생명체는 물이 있어야 하지요. 파리가 알을 낳더라도 소금의 나트륨이 알의 수분을 없애 알이 부화하지 못해요. 따라서 장을 담글 때 소금을 충분히 넣지 않거나 자주 항아리의 뚜껑을 열어 습기를 없애지 않으면 알이 부화해서 구더기가 생길 수 있어요.

구더기가 생길지도 모르는데 장은 왜 꼭 담가야 했을까?

콩을 발효시킨 장 담그기는 음식을 오래 보관하고, 미생물의 활동으로 독특한 맛과 다양한 영양소를 얻는 아주 좋은 방법이에요. 무엇보다 단백질이 풍부해요. 사냥하지 못해 고기를 먹지 못할 때는 장으로 단백질을 섭취했어요. 소화와 면역력에도 도움이 되므로, 건강을 지키는 가장 쉬운 방법이기도 했어요.

장은 짠맛 때문에 그냥 먹기는 힘들어도, 생채소든 익힌 채소든 고기든 생선이든 모든 재료와 잘 어울려요. 무치고 찌고 끓이고 졸이는 등 갖가지 조리 방법과도 잘 맞아서 한국 요리에는 없어서는 안 되는 조미료이지요. 따라서 구더기 생길까 두렵더라도 음식을 맛있게 만들어 먹으면서도 건강을 위해 장을 꼭 담갔답니다.

ㄱ 속담책 관련 단어 풀이

간디스토마 몸길이가 1~2.5cm인 납작하고 긴 나뭇잎 모양의 기생충.

간수 물기를 머금은 소금에서 저절로 녹아 흐르는 짜고 쓴 물.

감염병 인간이나 동물의 몸에 병균이 들어와 그 수를 늘려 곳곳에 퍼져 생기는 병.

거두다 곡식이나 열매 따위를 따서 담거나 한데 모음.

고려 시대 918년에 왕건이 신라, 후백제, (고려가 된) 태봉으로 나뉘어 있던 한반도를 통일하고 개성을 수도로 정한 뒤 나라를 세운 때부터 1392년 이성계에 의하여 멸망할 때까지의 시대.

고정되다 자리 잡은 상태에서 움직이지 않고 붙어 있게 됨.

골골하다 몸이 약해서 시름시름 앓음.

기발하다 평소에는 생각하지 못하는 아주 톡톡 튀는 색다름이 있음.

기초 어떤 일의 기본이 되는 것.

기회주의자 옳고 그름을 따지지 않고, 그때그때의 상황이나 세력에 따라 자기에게 이로운 쪽에 서는 사람.

나물국 채소나 풀잎을 다듬어서 된장 등으로 간을 맞추고 끓인 국.

뇌수 뇌. 머리뼈안에 있는, 생각하고 몸을 움직이게 하는 중요한 기관.

대장 음식 찌꺼기를 몸 밖으로 내보내기 전에 물기를 빨아들여 똥이 만들어지는 큰창자.

떡메 떡을 만들 때, 찐 쌀을 찧어서 찰기 있게 만드는 데 쓰는 나무 방망이.

메다 (목구멍같이) 뚫려 있거나 비어 있는 곳이 막히거나 채워짐.

발효 눈에 안 보이는 아주 작은 생물들인 효모, 세균 등이 음식 속 재료를 자기 힘

으로 쪼개고 바꾸면서, 우리에게 맛도 좋고 몸에도 이로운 물질을 만들어내는 과정.

변두리 도시나 마을의 중심에서 멀리 떨어진 주변 지역.

부인 남의 아내를 높여 부르는 말. 또는 신분이 높은 사람의 아내.

부화 알 속의 새끼가 껍데기를 깨고 밖으로 나오는 것.

상수도 먹거나 씻는 데 쓰이는 깨끗한 물을 가정이나 공장으로 보내는 시설 또는 장치.

섭취 먹거나 마셔서 영양소를 몸 안으로 받아들임.

소통 서로 뜻이 통해서 오해가 없는 것.

수산물 바다나 강, 호수 등 물에서 얻는 모든 동물이나 식물.

습기 공기 속에 있는 물 때문에 축축하게 느껴지는 것.

실올 한 가닥의 실.

심심하다 짜든 맵든 달든 강한 느낌 없이 전체적으로 음식 맛이 밋밋함.

쑤군대다 남이 듣지 못하게 목소리를 낮추어 자꾸 속삭이며 이야기함.

약재 병을 치료하는 약을 만드는 재료.

어림짐작 주어진 상황이나 형편을 보고 대강 생각해 보는 것.

어회 생선회. 싱싱한 생선 살을 얇게 저며서 간장이나 초고추장에 찍어 먹는 음식.

염증 신체 조직이 세균 등에 감염되거나 상처를 입어 빨갛게 붓고 열이 나는 상태.

우뭇가사리 바다에서 자라는 붉은색 바다 식물로, 우무묵을 만드는 재료로 쓰임.

유리하다 어떤 일이나 상황에서 자신에게 이로움.

유적 옛날 사람들이 살던 흔적이나 남겨진 물건이 있는 장소.

인정하다 어떤 사실이나 주장이 옳거나 맞다고 받아들임.

자음 ㄱ, ㄴ, ㄷ, ㄹ같이 말할 때 소리가 목이나 혀, 입술 등에 막혀서 나는 소리.

절이다 채소나 생선 등을 소금이나 식초에 담가 맛이 배게 함.

조선 시대 1392년에 이성계가 고려를 무너뜨리고 한양을 수도로 정한 뒤 조선이라는 나라를 세운 때부터 1910년까지의 시대.

주목하다 관심을 두고 눈여겨봄.

주저하다 결정하지 못하고 머뭇거림.

지레짐작 아직 일어나지 않은 일이나 사실을 성급하게 미리 알아내거나 확신하려 하는 것.

지점 본점에서 갈라져 나온 점포.

천연기념물 나라에서 특별히 정해 법으로 보호하는 동물, 식물, 지형 등의 자연 유산.

충격 갑자기 강한 힘이나 자극이 미치는 것.

캡슐 약의 성분을 보호하기 위해 녹는 물질로 만든 작은 주머니 모양의 약통.

파래 바다에서 자라는 푸른색을 띠는 바다 식물의 한 종류. 말려서 김처럼 먹거나 나물처럼 무쳐서 먹음.

포함하다 어떠한 것들에 들어가게 하거나 넣음.

향약구급방 고려 고종 때인 1236년에 지어진, 우리나라에서 가장 오래된 의학서.

허물 뱀 같은 파충류나 곤충 등이 자라면서 벗는 껍질.

홍길동전 조선 광해군 때에 허균이 지은 우리나라 최초의 한글 소설.

효과 어떤 힘이나 작용으로 좋은 결과가 나타나는 것.